Hanna Formella (Hg.)

AF279557

Menschsein

#Lyrik. Psalm. Gedanken. Bild.

#Lyrik.
Psalm.
Gedanken.
Bild.

Bibliografische Information der Deutschen Nationalbibliothek:
Die Deutsche Nationalbibliothek verzeichnet diese Publikation in der
Deutschen Nationalbibliografie; detaillierte bibliografische Daten sind
im Internet über http://dnb.dnb.de abrufbar.

© 2023

Herausgegeben von Hanna Formella

nach einer Idee von Hannah Brandl und Volker Glunz

mit #Lyrik von Hanna Formella und Gedanken von Anna-Lisa
Biggemann, Lukas Glaser, Ilka Marie Nahrgang, Alexander Redder
und Thomas Rünker

Herstellung und Verlag: BoD – Books on Demand, Norderstedt

ISBN: 978-3-7568-7923-6

EINFACH MAL
MENSCH SEIN!

Für viele ist das ein riesiger Wunsch und eine große Herausforderung zugleich. Ständig müssen wir eine bestimmte Rolle spielen, besondere Anforderungen erfüllen, professionell sein. Da ist oft kein Platz für unsere Gedanken, Gefühle und Sorgen. Damit allein gelassen, flüchten wir uns hinter Masken. Das eigentliche **Menschsein** kommt dabei viel zu kurz. *„Eigentlich bin ich ganz anders, ich komm' nur viel zu selten dazu"*, beschreibt der Schriftsteller Ödön von Horváth dieses Problem.

Doch ganz gleich, wie kompliziert es manchmal mit dem Menschsein ist: **Gott** nimmt uns so an, wie wir sind! Mit all' unseren Gefühlen, Gedanken, Sorgen, Ängsten und Hoffnungen. Bei ihm müssen wir uns nicht verstellen, bei ihm können wir so sein, wie wir sind!

Was für ein **Glück**!

In diesem Buch geht es um dieses facettenreiche Gefühl des Menschseins, um Gottes bedingungslose Annahme und die ständigen Herausforderungen auf unserem Lebensweg.

Die **#Lyrik.** stellt dabei jeweils ein Gefühl des Menschseins vor. Der **Psalm.** bietet eine Jahrtausende alte Antwort aus der Bibel, zu der verschiedene Autor*innen ihre **Gedanken.** vorstellen. Schließlich lädt das **Bild.** in jedem Abschnitt dazu ein, den eigenen Blick zu weiten und neue Seiten des Menschseins zu beleuchten.

Jeder Abschnitt steht für sich, also kannst du unser Buch wie einen kleinen Begleiter immer dann zur Hand nehmen, wenn es mit dem „einfach-Menschsein" mal wieder schwierig wird.

Wir wünschen dir viel Freude damit!

RUFE MICH BEI
DEINEM NAMEN

Ich rufe dich in deiner Einsamkeit.
Ich rufe dich bei deinem Namen.
Unsere Herzen schlagen.
Im Takt.
Doch sind sie zu weit entfernt, um sich zu hören.

Du rufst mich in deiner Einsamkeit.
Du rufst mich bei meinem Namen.
Wir suchen uns mit Taschenlampen.
Doch der Schall erstickt im dunklen Wald.

So rufe ich dich bei meinem Namen.
Weil ich dir so nah bin.
In Gedanken sind wir uns nicht so fern.
Wie wir denken.

So rufst du mich mit deinem Namen.
Weil du mir so nah bist.
Wenn nicht später, wann dann?
Das ist nicht das Ende, sondern der

Anfang.

Psalm.

HERR, du hast mich erforscht und kennst mich.
Ob ich sitze oder stehe, du kennst es.
Du durchschaust meine Gedanken von fern.

Ps 139,1-2

Gedanken.

Wie gruselig! Da ist einer, der alles von mir weiß: Jede Lüge, jede schlechte Angewohnheit, jede kleine oder große Übertreibung, jedes Posen, jedes Flexen ... Was für ein Typ! „Big Brother Is Watching You!"

Oder ist es vielleicht ganz anders: Wenn mich jemand so richtig gut kennt – und es ehrlich mit mir meint! – dann ist es doch eigentlich ganz einfach, oft sogar richtig entspannt. Denn dann muss ich mich nicht verstellen, muss nicht angeben, mich nicht profilieren und kann einfach sein, wie ich bin. So wie bei richtig guten Freunden.

Und bei Gott? Da ist es wie mit dem besten Freund oder der besten Freundin, nur noch krasser. Der meint es ehrlich mit mir – und weiß halt wirklich alles. Auch die Hammer-Geschichte, die ich meiner Freundin oder meinem Freund noch gar nicht erzählt habe.

Ja, das kann Angst machen. Weil mir dann noch klarer wird, was gerade vielleicht nicht so gut läuft in meinem Leben. Aber es kann auch total befreiend sein, weil da jemand ist, mit dem ich zusammen auf alles schauen kann, was mich bewegt – und dem ich nichts erklären muss. Der sich mit mir freut, auch wenn kein anderer Mensch versteht, warum. Der mit mir traurig ist, wenn nur ich einen Grund dafür habe. Und der mit mir in meinem Leben aufräumt, wenn ich finde, dass es Zeit dafür ist. Er ist der Freund, der immer an meiner Seite ist, der immer mitkommt, den ich nicht erst überreden muss – und der mir durch diese Nähe hilft, der Mensch zu werden, der ich bin.

OHIO
ANIA
CKY
OURI
LINA
ASH
NSIN
ORK
IDA
N C
NIA
DO
ORK
ANIA
AN
OTA
NIA
ON
RK
ONA
NA
DIS
O
A
RE
TA
A
ASK
S A
A A

ROBERTS JAMES A · 1 LT · 8 SQ 4 FERRY GP · KANSAS
ROBINETTE MERVIN M · PVT · U S ARMY · TEXAS
ROBINSON GORDON E · FLT O · AIR CORPS · MICHIGAN
ROBINSON KENNETH W · S SGT · AIR CORPS · MICHIGAN
ROBINSON MARSHALL K · PVT · MEDICAL DEPT · ILLINOIS
ROCASEY JOHN · SGT · AIR CORPS · NEW YORK
ROCCUZZO SALVATORE R · PVT · AIR CORPS · CALIFORNIA
ROGERS CLAYTON H · 1 SGT · MEDICAL DEPT · NEW YORK
ROODE RUSSELL D · TEC 5 · 4 SIG SV CO · VERMONT
ROONEY PHILIP H · PVT · U S ARMY · MASSACHUSETTS
ROOT FRANK P JR · 2 LT · 22 PUR SQ 36 PUR GP · CONNECTICUT
ROSEN CHARLES · M SGT · INFANTRY · KANSAS
ROSENBERGER JACK D · 2 LT · · MISSOURI
ROTHENBERG SIDNEY · PVT · ST ARTY CORPS · OHIO
ROUM WILLIAM · PVT · CORPS · NEW YORK
ROWDON JAMES A · · ANTRY · NEW JERSEY
ROWE JOSEPH F JR · RPS · PENNSYLVANIA
RUFFIN PAT H · 2 LT · BOMB GP (H) · MARYLAND
RUFFNER WILLIAM
MBAUGH

RY
SABIN WALTER R · MASSACHUSETTS
SACK ERVIN R · RY · NEW YORK
SAGE WILLIAM R · 1 LT · P (VH) · WISCONSIN
SALISBURY IRVIN C · MICHIGAN
SAMMONS HUBERT D · WYOMING
SAMUEL WILLIAM F · FLORIDA
SANDERS ROSCOE L · ILLINOIS
SANFORD RALPH H · ARKANSAS
SARDIS EMANUEL · OHIO
SARDOCH LOUIS · NEW YORK
SAUNDERS JAMES G JR · R CORPS · ILLINOIS
SAVAGE ANDREW M · REGT · NORTH CAROLINA
SAVAGE REGIS G · S · CORPS · PENNSYLVANIA
SAVANT JOHN · P · CORPS · PENNSYLVANIA
SAVIDGE ELWOOD D · CORPS · KANSAS
SAWYER HAROLD · CORPS · PENNSYLVANIA
SCANLON GEORGE V · CORPS · OKLAHOMA
SCHALAMON ARTHUR · 2 · S · 64 TRP CARR GP · WASHINGTON
SCHEFBAUER JOSEPH S · R CORPS · OHIO
SCHEIBEL JOSEPH A · CAL DEPT · NEW JERSEY
SCHENKER HENRY G · BOMB GP (VH) · NEW YORK
SCHETROMPF CLARENCE E · SG · 459 BOMB GP (H) · OHIO
SCHILLING PAUL A · CORPS · PA
SCHLEGEL ROBERT O · R CORPS · CALIFORNIA
· CALIFORNIA

G R E N Z E N

Ich habe Angst, bin überfordert.
Immer mehr Anforderungen, denen ich nicht gerecht
werden kann.
Immer mehr Möglichkeiten zu scheitern.
Immer mehr Druck. **Druck. DRUCK.**

Von wem? Von wem geht er wirklich aus? Von dir? Von
mir? Von uns! Der leichte Druck kommt von dir. Den
Rest füge ich hinzu.
Trotzdem ist der da. Die Angst ist da. Doch ich frage
mich, sieht das noch jemand wie ich? Ich mag nicht
mehr, Denken fällt mir schwer. Doch dann fühle ich...

In einer Blase der Isolation ist meine Grenze erreicht.
Ich breche unter dem Druck, der Angst.
Und mir wird klar,
Ich bin nicht allein,
Ich bin gefangen.

Aber dann bist du da.

Psalm.

Aus den Tiefen rufe ich, HERR, zu dir:
Mein Herr, höre doch meine Stimme!

Ps 130,1-2

Gedanken.

Irgendwann reicht es! Hier die Freunde, die unbedingt noch an diesem Wochenende etwas mit mir unternehmen wollen, dort die Schule oder die Arbeit mit ihren Anforderungen und dann auch noch ich selbst, mit meinen Ansprüchen, immer höher, schneller und weiter springen zu wollen... Zu viel ist einfach zu viel!

Dieses Gefühlschaos kenne ich. Aber ich weiß auch: Es ist vollkommen in Ordnung, sich manchmal so zu fühlen. Das ist kein Scheitern, sondern das ist Menschsein! Mit diesem Gefühl stehe ich nicht alleine da: Wenn ich mich in die Enge getrieben fühle und die Angst mich erdrückt, darf ich mich auch klagend an Gott wenden und mal so richtig Dampf ablassen. Und nach so einem kräftigen Gefühlsgewitter sieht die Welt auch schon etwas fröhlicher aus.

W E G W E I S E R

Du bist da.
Immer. Für mich.
Wenn ich am Boden liege.
Verwundet, verletzt.
Wenn ich blind bin und nicht mehr weiß wohin.
Dann bist du da.

Das Feuer brennt. Die Flamme strahlt Wärme aus und
umhüllt uns.
Wir sitzen nebeneinander, unsere Stimmen vereint.
Die Musik unsere materiell gewordene Freundschaft.
Die Zeit steht still.

Wir haben gelacht und geweint.
Und das war gut.
Keiner war alleine. Es gab nur uns.
Wir waren wie Wölfe. Frei und unabhängig, doch nur im
Rudel stark.
Nichts konnte uns auseinanderbringen.
Auch wenn Dämonen uns jagten,
die Nacht zu dunkel schien,
der Himmel weinte.
Du hast mir gezeigt, wie Zuhause entsteht, und was
Liebe bedeutet.
Verdammt nochmal, ich liebe dich.
Denn du hast gesagt, dass Liebe heißt,

Gerne da zu sein.
Sich wohlzufühlen.
Zu lachen und zu weinen.
Gemeinsam.
Dem anderen zu vertrauen.

Vertrauen.
Sein Leben anderen überlassen.
Nicht nachdenken.
Einfach machen.
„Pfeif auf die Regeln, probier' es aus."
Ja, auch Regeln durfte ich brechen.
Den Stolz spüren, wenn ich mich gegen das System
auflehne.
Du hast mir erlaubt, zu meiner Meinung zu stehen.
Du hast mir erlaubt, auch mal wütend zu sein, mal
traurig oder euphorisch.
Mein Tatendrang wurde gefördert,
denn du hast mir gesagt, dass wir zusammen das Rad
brechen werden.
Dass wir die Welt besser machen werden.
Dass wir alle gleich sind und niemand sich verstecken
muss.
Auch ich nicht.

Du hast mir so viel gesagt, und doch hast du immer
geschwiegen, wenn ich mal Ruhe brauchte.
Dann hast du mich in den Arm genommen und mich
getröstet, aber nie einfach irgendwelche Floskeln
gelabert. Was auch immer du mir gesagt hast,
du meintest es ernst.

Trotzdem hast du nie den Spaß vergessen.
Witze, Streiche und Spiele.
Mit dir wurde es nie langweilig.

Dafür bin ich dir so dankbar.
Für alles, was du mir geschenkt hast.
Für die Erinnerungen, die guten und die schlechten.
Für die Erinnerungen an Zusammensitzen, Tanzen,
Singen und Hochzeiten. Und trinken. Ganz viel
Apfelschorle. (Nein, wir wissen alle, dass du keine
Apfelschorle trinkst, sondern Cola).
Für zahlreiche Wanderungen ins Licht, auf denen wir
uns kennenlernten…

Jetzt wo das Feuer brennt,
die Welt um uns herum stillsteht.
Nur die Melodie der Liebe uns umgibt.
Die Flamme der Freundschaft lodert und
die Dunkelheit der Nacht überwindet,
ist die Energie unsere Verbündete.
Mit ihr zerstören wir das Rad der Lügen und des
Hasses, der Umwelt- und Menschenvernichtung,
das Rad, das kollektiv diskriminiert.

Weil wir wissen, wie es besser geht.
Weil du mir das gezeigt hast.

Denn du bist da.
Immer. Und überall.
Wenn ich von dem Rad überrollt werde.
Und ich kann immer zu dir kommen,
weil ich dir wichtig bin.
Weil ich keine Angst haben muss.
Weil du für mich die Arme offenhältst.

Nicht nur, wenn das Feuer brennt.
Jedes Mal, wenn ich auf meinen Kompass schaue und den
Weg nicht mehr finde.
Du bist halt nicht irgendwer.
Du bist Familie.

Psalm.

Preise den HERRN, meine Seele,
und vergiss nicht, was er dir Gutes getan hat!

Ps 103,2

Gedanken.

Kannst du gerade an etwas Schönes denken? Welche
Menschen waren bei diesem schönen Ereignis dabei?

Gibt es einen Menschen, der in guten, aber auch in
schweren Zeiten an deiner Seite ist?

Bei wem kannst du dich fallen lassen? Bei wem kommst
du zur Ruhe?

Wenn ich an so schöne Momente und einen so
wichtigen Menschen denke, erscheint ein Lächeln auf
meinen Lippen, und ich werde von einem wohligen
Gefühl erfüllt.

Denn dieser Mensch hilft mir, die beste Version von mir selbst zu sein. Ich kann mich auf ihn oder sie verlassen. So kann ich mutig sein und vieles Neues entdecken.

Dafür bin ich sehr dankbar. Nicht nur dem Menschen, sondern auch Gott. Denn zum einen glaube ich, dass mich Gott mit diesem Menschen irgendwie zusammengeführt hat. Und zum anderen kann Gott auch derjenige sein, der mir hilft, die beste Version von mir selbst zu werden. Er, der mich kennt und durchschaut, ist schließlich auch dabei, wenn etwas richtig Schönes passiert.

Und? Wer oder was zaubert dir ein Lächeln ins Gesicht?

Z E I T

Zeit war mir gegeben.
Zeit zum Leben.
Doch habe ich sie nicht genutzt.
Zeit hat man mir genommen.
Zeit zum Sterben.
Doch habe ich sie genutzt.
Du magst es nicht verstehen.
Doch meine Zeit lässt sich nicht messen.
Und hat keinen Takt.
Meine Zeit ist zu Ende.
Wenn deine richtig anfängt.

Psalm.

In deiner Hand steht meine Zeit;
entreiß mich der Hand meiner
Feinde und Verfolger!

Ps 31,16

Gedanken.

Ein gutes und erfülltes Leben führen…

Was bedeutet das?

Viel Zeit mit der Familie und Freunden verbringen?

Zeit investieren in die Schule, Uni oder Arbeit, um
später das tun zu können, was einen erfüllt?

Sich Hobbys suchen als Ausgleich zum stressigen Alltag?

Oder einfach mal raus aus allem Bekannten und in die
Welt hinausgehen?

Aber ist das dann nicht Zeitverschwendung?

Das alles unter einen Hut zu bekommen, ist super
schwer. Und wenn man lange darüber nachdenkt, kann
es auch ganz schön erdrückend sein.

Mir persönlich hat es geholfen, Prioritäten zu setzen: Was ist mir besonders wichtig – und was in meinem Leben muss sich an diesem Wichtigen ausrichten? Beispielsweise muss mein Beruf zu meinem Leben(-sstil) passen und nicht umgekehrt.

Warum soll ich mich selbst und das, was mir am wichtigsten ist, verbiegen und damit einschränken, damit es zu meinem Job passt, wenn es auch andersherum geht und ich so Sachen machen und erleben kann, die mich glücklich machen und erfüllen.

Gleichzeitig ist es auch wichtig, sich Zeit für sich selbst zu nehmen und aufzupassen, dass es einem gut geht. Wenn man also einen Tag auf der Couch verbringt, ist das noch lange keine Zeitverschwendung.

ANERKENNUNG

Warum hast du mir nie gesagt,
dass dir etwas gefällt?
Warum hast du mir nur gesagt,
dass du meine Leistung schätzt?
Warum hast du mir nicht gesagt,
dass ich dir was bedeute?
Mit jedem noch so kleinen Zeichen
deiner Anerkennung
wäre meine Sehnsucht kleiner geworden.
Doch ich bekam nichts als Phrasen
und ein Schulterklopfen.
Egal, ob bei Sieg oder Niederlage.
Und gewünscht habe ich mir nur echte Freude über
mein Werk.
Vielleicht habe ich sie ja jetzt bekommen.
Ich hätte mich gefreut.

Psalm.

Du legst mir größere Freude ins Herz,
als andere haben bei Korn und Wein in Fülle.

Ps 4,8

Gedanken.

Du Mensch ...

Du baust Pyramiden, Wolkenkratzer und Brücken, die
Kontinente verbinden.

Du fliegst am Himmel, fährst durchs Wasser und tauchst
durch die Meere.

Du erklärst Krieg und schließt Frieden.

Dichter, Denker, Komponisten, Erfinder, Gründer und
Politiker bekommen Anerkennung –

aber sind wir mal ehrlich: DICH hingegen kennt kaum
jemand.

Doch es gibt jemanden, der all das sieht, was Du machst.

Das tägliche Leben, ein freundlicher Gruß, eine kleine Aufmerksamkeit, ein Lächeln, ein Nicken.

Dem Nachbarn den Einkauf nach oben tragen, einem Fremden den Weg erklären, jemandem die Tür aufhalten.

Ich klopfe Dir auf die Schulter – egal, ob Du gewinnst oder verlierst.

Du Mensch ... bei allem, was Du Gutes tust:

Super gemacht!

Dein Gott

M U T M A C H E R

An manchen Tagen könnte ich die Welt retten.
Da ist mein Herz leicht vor Freude
erfüllt mit Liebe
und meine Hände voller Tatendrang.

An manchen Tagen möchte ich einfach liegen bleiben.
Da ist mein Herz schwer vor Traurigkeit,
gehemmt von Ängsten,
und meine Hände sind müde.

An manchen Tagen ist es ok.
Da schlägt mein Herz
gleichmäßig und rhythmisch
und meine Hände funktionieren, erfüllen ihre
Aufgaben.

Und dann sind da noch meine Augen,
die mal glänzen und mal weinen.
Aber immer gut sehen,
dass ich nicht allein bin,
dass ich nicht die Einzige bin.
Und immer jemand da ist,
der so denkt wie ich,
der so fühlt wie ich.
Und mich in den Arm nimmt, festhält,
oder mit mir die Welt rettet.

Psalm.

Ja, mit dir überrenne ich Scharen,
mit meinem Gott überspringe ich Mauern.

Ps 18,30

Gedanken.

Super: Diesen Gott nehme ich zur nächsten Sport-Prüfung oder zum nächsten Spieltag meiner Mannschaft mit! Aber was passiert, wenn dann alle mit dem gleichen Gott auflaufen?

Nein, hier geht's nicht um Wettkampf, ums besser sein als andere. Hier geht's nur um mich und um die Kraft, die Energie, die Motivation, die ich habe, wenn ich Gott an meiner Seite spüre. Dann werden Dinge möglich, die sonst kaum denkbar sind.

Das gilt besonders, wenn viele Menschen gemeinsam diese Kraft aus Gottes Nähe spüren. Dann engagieren sie sich zusammen für ein friedliches Zusammenleben, für den Schutz von Natur und Klima, für Kinder- und Jugendangebote in ihrem Stadtteil oder gegen Armut und Ausgrenzung.

Um sich für etwas zu engagieren, muss man die eigene Komfortzone verlassen. Manchmal nur sprichwörtlich, oft aber ganz real: Runter von der Couch, vor die Haustür treten, aus dem vertrauten Zuhause rauf auf die Straße und mit anpacken oder demonstrieren, oder…

Manchmal verbinden sich dann sogar ganz wortwörtlich der Psalm von den Mauern mit dem Gedicht über das Mutmachen: 1989 zum Beispiel, als die Menschen in Ostdeutschland gegen ihre diktatorische Regierung demonstriert haben. Da haben zehntausende Menschen ihre Wohnungen verlassen, um trotz Angst vor Polizeigewalt gegen die Machthaber auf die Straße zu gehen. Viele von ihnen sind vorher in die Kirchen gegangen, haben dort gemeinsam gesungen und um Frieden gebetet. Und dann haben sie mit ihrem Gott die Mauern übersprungen, mit der die DDR-Regierung ihr Volk eingesperrt hat.

BEWERTUNG

Schau mich an,
Was hast du gedacht?
Zu klein? Zu dick?
Zu gut? Zu schlecht?
Zu nett? Zu arrogant?
Womit hast du mich verglichen?
In welche Schublade hast du mich gesteckt?
Was, wenn ich nicht so bin?
Doch das mag dich nicht interessieren,
du hast deine individuell, universal gültigen Werte
und Normen als Maßstab für diese Bewertung.

Psalm.

Wie ein Vater sich seiner Kinder erbarmt, so erbarmt
sich der HERR über alle, die ihn fürchten.

Ps 103,13

Gedanken.

*„Don't be afraid of pressure. Pressure is what
transforms a lump of coal into a diamond."*

- Nicky Gumbel -

Also: Hab keine Angst vor Druck. Durch Druck entsteht
aus einem Stück Kohle ein Diamant.

Druck kann etwas Gutes sein und kann uns helfen,
Dinge zu erledigen und uns weiterzuentwickeln.

Druck und Stress können uns aber auch straucheln
lassen und aus der Bahn werfen.

*„The same boiling water that softens the potato,
hardens the egg."*

Also: Das gleiche kochende Wasser, das die Kartoffel
weich werden lässt, lässt das Ei hart werden.

Jeder Mensch geht in unterschiedlichen Situationen mit Stress und Druck anders um. Nicht jeder Mensch ist ein Stück Kohle und braucht den Druck, um sich zu entwickeln.

Vergleich dich nicht mit anderen, nur weil ihr anscheinend in einer ähnlichen Situation steckt. Die eigene Stresstoleranz und die von anderen ist verschieden hoch oder niedrig und sagt nichts darüber aus, wie kompetent man ist oder wie fleißig.

Druck kann eine Last sein, aber auch ein Motivator. Man muss für sich selbst rausfinden, wo die eigenen Grenzen liegen, und wie man damit umgeht.

Es ist auch nicht schlimm, nach Hilfe zu fragen, wenn die Last zu schwer wird. Es hilft ungemein, sich mit Leuten zu umgeben, die eine ähnliche Last tragen, oder einfach Probleme abzugeben, die man allein nicht bewältigen kann. Am wichtigsten ist, dass man sich selbst nicht zu sehr unter Druck setzt und darauf achtet, wann es auch mal genug ist.

IN DER NACHT

Mitten in der Nacht:
Du reichst mir die Hand,
ich nehme sie und wir tanzen.
Der Regen prasselt auf uns nieder,
wenn man die Augen schließt,
hört er sich an wie Applaus.
Die Tropfen bahnen sich ihren Weg über unsere Körper.
Doch wir tanzen weiter.
Im Schein der Laternen auf der menschenleeren Straße.
Wir kommen uns immer näher.
Immer wärmer.
Immer weiter nach Hause.
Und plötzlich bleibst du stehen,
streichst mir eine nasse Strähne aus dem Gesicht
und schaust mir tief in die Augen.
Ich verliere mich in dem Blau deines Ozeans,
wie ausgesetzt in der Fremde,
ohne Karte und Kompass,
deine Lippen kommen näher,
ich zittere aber nicht vor Kälte,
als du mich küsst . . .

Ich schließe die Augen und möchte den Moment
einfangen und in ein Marmeladenglas packen und für
ewig aufbewahren.

Doch als ich die Augen öffne,
bist du nicht mehr da.

Ich bin alleine in meinem Zimmer
und schaue an die Decke.

Psalm.

Als der HERR das Geschick Zions wendete,
da waren wir wie Träumende.

Da füllte sich unser Mund mit Lachen und unsere Zunge
mit Jubel. Da sagte man unter den Völkern:
Groß hat der HERR an ihnen gehandelt!

Ps 126,1-2

Gedanken.

Warum können meine Träume nicht einfach wahr
werden?

Alles wäre so viel einfacher. Mein Leben könnte perfekt
sein. Aber wäre es das dann auch?

Wäre es nicht viel zu langweilig, viel zu vorhersehbar?

Wäre die Welt nicht trostlos – so ganz ohne Träume?

STERNE

Oben auf dem Dach,
ich liege wach
und denke nach.
Vor mir strahlen die Sterne,
soweit in der Ferne,
irgendwo erwacht
oder schon längst umgebracht.
Und so schreie ich in die Nacht,
Sterne sind auch nur Sonnen,
die irgendwo pathetisch
irgendwelche Monde anstrahlen,
so wie ich dich.
Ich wünschte ich wäre high,
hätte diese Gedanken auf einem Trip,
doch steh ich nur auf dem Dach,
nüchtern und zitternd,
schlucke bitter
meine Ängste und Sorgen hinunter.
Ich fühle mich ausgelacht und niedergemacht,
weil ich weiß, was sie sagen:
Du hättest mich gewarnt,
doch warst nicht da,
um mich zu retten.

Also stehe ich am Geländer und schreie die Sterne an,
die irgendwo versinken in der tiefen Nacht.
Ach, ich wäre so gerne bei ihnen,
und nie hätte ich gedacht,
was diese Nacht mit mir macht.
Der Wind weht kalt
und singt mir ein Lied,
von dir,
dabei warst du niemals hier,
hättest das gesehen,
gäbest du mir zu verstehen,
dass Sterne und Sonnen
mehr können als pathetisch zu sein.
Du hättest Stille gebracht und
ihre Stimmen gestummt,
dass mir ihre Lästereien
nichts mehr anhaben können.

Psalm.

Er bestimmt die Zahl der Sterne
und ruft sie alle mit Namen.

Ps 147,4

Gedanken.

Wie eindrucksvoll so ein Sternenhimmel aussieht! Da ist nichts mehr vom Kitsch der Weihnachts-Kaufhausdeko. Da ist eine Größe, die mich staunen lässt, eine Verbindung in die Ewigkeit, in die Unendlichkeit.

Im Deutschen kennen wir nur ein Wort für Himmel. Da wo die englische Sprache zwischen *Sky* und *Heaven* unterscheidet, haben wir nur ein Wort für das Blau mit Wolken, Sonne und Mond und den Ort, an dem wir nach dem Tod einmal sein werden. Wenn ich gerade nachts den Himmel so gewaltig und offen über mir sehe, mit Sternen, Planeten und dem Mond, dann finde ich diese Verbindung mit dem gemeinsamen Wort ziemlich passend. Dann kann ich gut glauben, dass irgendwo da oben Galaxien in Lichtjahren Entfernung sind – und auch noch ganz andere Dimensionen. Unerreichbar für uns Lebende – und doch eng mit uns verbunden.

Vor dieser Größe kann ich mich winzig fühlen. Sie kann mich aber auch ganz groß machen: Ich, mit allem, was ich bin, mit meinen Gefühlen und Gedanken, meinem Können, meinen Talenten und meinen Interessen, spiele in diesem riesigen Universum eine Rolle. Und es gibt Gott, der nicht nur alle Sterne mit Namen kennt, sondern auch mich.

Wie wunderbar!

SPIEGELBILD

Ich schaue in diese Augen,
sehe diese kleine Nase,
einen stummen Mund, der laut schreien will.
Ich sehe ein Gesicht und frage mich, wem das gehört.
Ich sehe einen Körper, der standhält und funktioniert
immer und immer weiter. Und ich glaube wieder an
Wunder.
Ich erkenne all die Makel meines Gegenübers, wie altes
Porzellan, wo die Risse der Zeit Narben hinterlassen.
Ich strecke meine Hand aus und spüre die Kälte,
Die glatte Oberfläche meines Spiegels.
Ich schaue zurück in diese grünen Augen, die sich
verstecken wollen und doch gesehen werden. Diese
Augen, die voller Freude in den Spiegel schauen und
sich wahrnehmen als das, was sie sind. Die ihren Wert
erkennen und strahlen. Diese Augen, die manchmal leer
sind und blind.
Und ich höre ihre Stimmen, wie sie laut rufen, lachen
und spotten. All diese Worte, die diese Augen trüb
werden ließen.
All diese Worte, die wie Bilder in diesem Spiegel
gefangen sind. Die diesen Körper kaputt gemacht haben.
Ich sehe diese Augen, die rot vom Weinen sind und
schwarz von dem verwischten Eyeliner, weil sie dem
Druck nicht standhalten.
Doch manchmal, da sehe ich diese Augen, die mich
anschauen. Zurück aus dem Spiegel und mich erinnern,
dass es diesen einen Menschen gab, der mir gesagt hat,
dass diese Augen wunderschön sind. Die mich erinnern,

dass da dieser andere Mensch ist, der mir die Tränen abgewischt hat. Oder all die anderen Menschen, die diesen Körper in den Arm genommen haben. Die mit gelacht und mit getanzt haben.

Ich sehe diese Augen, die die Welt in bunt sehen.

Ich schaue in diese Augen,

sehe diese kleine Nase,

einen stummen Mund, der laut schreien will.

Ich sehe ein Gesicht und frage mich, wem das gehört.

Ich sehe einen Körper, der standhält und funktioniert immer und immer weiter. Und ich glaube wieder an Wunder.

Ich erkenne keine Person mir gegenüber, aber manchmal, da kann ich sie spüren. Tief im mir drin, wo mein Ursprung liegt, wie ein Schatz tief vergraben.

Manchmal verliere ich diesen Körper, dann sehe ich keine Augen mehr, dann ist da wer anders. Dann ist alles taub und blind und ich suche vergeblich nach meinem Spiegelbild.

Psalm.

Du aber bleibst, der du bist,
und deine Jahre enden nie.

Ps 102,28

Gedanken.

Der Spiegel: Gegenstand aus Glas oder Metall, dessen glatte Fläche das, was sich vor ihr befindet, als Spiegelbild zeigt. Zumindest lautet so die Definition. Doch das, was hier Spiegelbild heißt, bin ich, wenn ich mich davorstelle. Dann sehe ich mich so, wie andere mich sehen.

Doch eigentlich bin ich viel mehr als dieses Spiegelbild. Wenn ich mich vergleiche mit alten Fotos, dann merke ich, dass ich mich verändert habe. Äußerlich und innerlich bin ich gewachsen, habe Erfahrungen gemacht und gelernt. Die meisten Erinnerungen und Erlebnisse können nicht im Spiegel gesehen werden. Nur ein kleiner Teil von mir ist für fremde Augen sichtbar. Also wird mir klar, dass da im Spiegel ist mein Körper, mein Zuhause.

Doch ich bin viel mehr als das!

Mich gibt es nur in echt.

HALT

Ich verspüre Druck
Die Last erdrückt mich
Meine Beine zittern
Ich möchte schreien
Doch entweicht mir kein Ton
Immer mehr wird mir aufgeladen
Es fehlen nur noch ein paar Gramm
Und ich halte nicht mehr stand

Pause

Es scheint, als ob da nichts mehr kommt
Ich atme auf
Setze schon zum Gehen an
Da ertönt ein raues „Halt"
Ich gehorche und
breche zusammen
Meine Knie geben nach
Meine Beine knicken ein
Der letzte Stein wurde mir gegeben

Psalm.

Gepriesen sei der Herr, Tag für Tag!
Gott trägt uns, er ist unsere Rettung.

Ps 68,20

Gedanken.

Jeder Mensch hat sein Päckchen zu tragen – der eine mehr, der andere weniger. Mir kommt das irgendwie bekannt vor: Hier noch eine Aufgabe, dort etwas Privates, das mir ganz schön auf die Laune drückt, und dann auch noch das regnerische Wetter da draußen... Eine Zeit lang kann ich mich damit irgendwie abschleppen. Aber irgendwann kommt das eine Päckchen, das für meine schwachen Schultern doch etwas zu schwer ist. Breche ich dann zusammen?

Ich glaube, Gott gibt mir die Zusage, dass er mir nicht mehr zumutet, als ich tragen kann. Wenn es manchmal für mich so aussieht, als ob ich gerade dann ganz alleine bin, wenn das Gewicht auf meinen Schultern besonders schwer drückt, weiß ich: Gott ist an meiner Seite und packt kräftig mit an!

LOBPREIS

Guter Gott,

du hast mich in der Taufe bei meinem **Namen**
gerufen. Deine Zusage gilt: Du begleitest mich
durch die **Zeit**.

Bei dir finde ich **Anerkennung**, **Halt** und **Mut**,
wenn ich rastlos bin und unter den Stürmen des
Lebens zusammenzubrechen drohe.

Wenn ich durch mein Leben gehe, an **Grenzen**
stoße, unter der **Bewertung** von anderen
Menschen leide, bist du mir wie ein heller
Wegweiser in dunkler **Nacht**.

Jeden Tag darf ich in meinem **Spiegelbild** sehen,
wie wunderbar du mich gemacht hast. Heller noch
als die **Sterne** am Himmel.

Du bist an meiner Seite. So kann ich stark und
mutig durch deine Welt gehen.

Bei dir darf ich einfach Mensch sein, denn so wie
du mich geschaffen hast, liebst du mich.

Amen.

Bildnachweise

S. 3: https://pixabay.com/images/id-5719868/

S. 10: https://www.pexels.com/de-de/foto/mann-strasse-mauer-draussen-4726942/

S. 13: https://unsplash.com/photos/QNVPsoxh-rM

S. 20: https://unsplash.com/photos/gASJ-p0Mblw?utm_source=unsplash&utm_medium=referral&utm_content=creditShareLink

S. 24: https://www.pexels.com/de-de/foto/schwarzweiss-foto-von-uhren-707676/

S. 28: https://www.pexels.com/photo/medals-tied-on-a-trophy-7005693/

S. 32: https://unsplash.com/photos/3Sys5Fg7k7A

S. 36: https://unsplash.com/photos/u46idDCpc-M

S. 40: https://pixabay.com/images/id-6706324/

S. 45: https://www.pexels.com/photo/creative-photo-of-person-holding-glass-mason-jar-under-a-starry-sky-1274260/

S. 49: https://pixabay.com/images/id-2574337/

S. 52: https://pixabay.com/images/id-1807524/